Heidegger
&
Ser e tempo

Coleção **PASSO-A-PASSO**

CIÊNCIAS SOCIAIS PASSO-A-PASSO
Direção: Celso Castro

FILOSOFIA PASSO-A-PASSO
Direção: Denis L. Rosenfield

PSICANÁLISE PASSO-A-PASSO
Direção: Marco Antonio Coutinho Jorge

Ver lista de títulos no final do volume

Benedito Nunes

Heidegger & Ser e tempo

3ª edição

ZAHAR

Jorge Zahar Editor Ltda.
rua Marquês de S. Vicente 99 – 1º | 22451-041 Rio de Janeiro, RJ
tel (21) 2529-4750 | fax (21) 2529-4787
editora@zahar.com.br | www.zahar.com.bra

Edições anteriores: 2002, 2004

Capa: Sérgio Campante
Composição: TopTextos Edições Gráficas Ltda.

CIP-Brasil. Catalogação-na-fonte
Sindicato Nacional dos Editores de Livros, RJ

Nunes, Benedito, 1929-
N923h Heidegger & Ser e tempo / Benedito Nunes. — 3.ed.
3.ed. — Rio de Janeiro: Zahar, 2010.
(Passo-a-passo; 6)

Inclui bibliografia
ISBN 978-85-7110-665-9

1. Heidegger, Martin, 1889-1976. Ser e tempo. 2. Ontologia. 3. Espaço e tempo. I. Título. II. Série.

CDD: 193
10-4514 CDU: 1 (43)

Sumário

Introdução 7

O método 10

O mundo 14

A morte 22

Tempo e temporalidade 24

A revolução de *Ser e tempo* 34

Seleção de textos 47

Referências e fontes 56

Leituras recomendadas 58

Sobre o autor 59

Introdução

Martin Heidegger (1889-1976), nascido na Alemanha, professor da Universidade de Freiburg im Brisgau e seu reitor de 1933 a 1934, é um dos raros filósofos modernos cuja obra apresenta singular crescimento póstumo: Heidegger morreu com as gavetas abarrotadas de inéditos, que começaram a ser editados a partir de 1978 — fato gerador de uma terceira fase da recepção de seu pensamento.

A primeira fase, até 1946, corresponde à irradiação de *Ser e tempo*, um "estranho tratado", como dele diria o autor, sobre o sentido do ser e que, citado sob a sigla SZ, estudaremos aqui. Dedicado a seu mestre Edmund Husserl, "com amizade e veneração", escrito a partir de 1923, interrompido em 26 e publicado em 1927, permaneceria incompleto até o fim da vida de Heidegger, só com duas das três seções programadas para a primeira parte, omitindo a terceira (com o título inverso de *Tempo e ser*) e sem a segunda parte, então prevista, da mesma obra. Anunciada nessa inversão do título, de *Ser e tempo* a *Tempo e ser*, e proposta como virada (*Kehre*), a segunda fase do pensamento heideggeriano, que perspontara em 30, seria explicada, pela primeira vez ao público europeu na carta *Sobre o humanismo* (*Über den Humanismus*) a Jean Beaufret, logo após a Segunda Guerra Mundial, em 1946, quando o filósofo foi afastado do ensino em conseqüência de inquérito a que respondeu perante as tropas Aliadas de ocupação pelas notórias e oficiais relações por ele entretidas com o Partido Nazista quando foi reitor.

As duas seções publicadas da primeira parte de *Ser e tempo* já compõem o perfil de uma ontologia fundamental, estudando, numa analítica, com base no método fenomenológico de Husserl, o homem do ponto de vista de seu ser, como *Dasein*. O perfil dessa ontologia, repassado na "vontade de destruição e subversão" que impregna a questão do sentido do ser, se reconfigura nos textos de 1929, como *O que é a metafisica?*, *Da essência do fundamento* e *Kant e o problema da metafísica*. A julgar-se pela segunda fase, seria esse estudo apenas um caminho provisório para "o desenvolvimento completo da questão do ser em geral". Não era, pois, a existência humana, mas a questão do ser em geral a meta de *Ser e tempo*, que passou a considerar-se a questão de fundo, interesse, encargo ou destino do pensamento nos escritos de 1930 em diante, como, entre outros, *A essência da verdade*, *Hölderlin e a essência da poesia* (36) e aqueles reunidos na coletânea *Caminho do bosque* (*Holzweg*), particularmente *A origem da obra de arte* (1935), *A época da imagem do mundo e Por que poetas?*, além daqueles mais tardios em que se juntam os temas da essência da técnica e da superação da metafísica.

A publicação póstuma de cursos e conferências inéditos na obra completa (*Gesamtausgabe*), ainda em vias de publicação, tanto da primeira fase — *Interpretações fenomenológicas de Aristóteles* (*Phänomenologische Interpretationen zu Aristóteles*, 1923), *Ontologia, hermenêutica da facticidade* (*Ontologie, Hermeneutik der Faktizität*, 1923), *Prolegômenos à história do conceito de tempo* (*Prolegomena zur Geschichte des Zeits Begriffs*, 1925), *Fenomenologia e teologia* (1927), *Problemas fundamentais da fenomenologia* (1927) e *Conceitos fundamentais de metafísica* (*Grundbegriffe der Metaphysik*, 1929-30) — quanto da segunda — *Hinos de Hölderlin, Germânia e o Reno (Hölderlins Hymnen, "Germanen" und "der Rhein"*, 1935, e *Contribuições à filosofia (Beiträge zur Philosophie — Vom Ereignis*, 1938), entre muitos outros — emprestam à terceira a que me referi um caráter essencialmente interpretativo, pois os escritos atualmente difundidos entrosam e redimensionam as duas primeiras. Não temos em cada uma delas, como se quis pensar, um Heidegger diferente — Heidegger I e Heidegger II —, mas dois momentos distintos de um mesmo pensar que mutuamente se esclarecem. Assim, como o próprio filósofo ponderou a um de seus intérpretes, se é somente através do primeiro que se pode chegar ao segundo, não é menos verdadeiro que foi esse último que possibilitou o outro.

Queremos pensar que o entrosamento dos dois se operou por intermédio do conceito que lhes é comum e que ambos têm por pressuposto: o *conceito de Dasein*, chave principal de *Ser e tempo* e no qual veio a fixar-se, culminando no deslocamento a segundo plano do conceito clássico de verdade, todo um processo crítico de confrontação com a tradição filosófica que esse tratado revolucionou afinal. Tal revolução se detecta quer no regime expositivo da obra, eivado de termos novos com base em palavras comuns da língua alemã, quer no ousado vínculo aí entretido ao mesmo tempo com a prática da vida e com a linguagem, de modo a retirar da filosofia a hegemonia da teoria do conhecimento e a desvincular completamente a ontologia das motivações teológicas e do primado axiológico da ciência. A primeira relação do pensamento à luz do problema do sentido do ser ali proposto se estabelecerá com a poesia e com a arte, não com a ciência, o que na segunda fase tem como pano de fundo o desenvolvimento tecnológico e o auge da secularização. Trata-se de uma genealogia da época moderna no presente; de modo que a fisionomia da *Kehre* se completaria com a reconquista de um novo começo do pensamento em torno do sentido do ser.

Nos capítulos a seguir examinaremos o método fenomenológico e os três tópicos fundamentais do tratado — "Mundo", "Morte" e "Temporalidade" — que também são componentes da ontologia fundamental antes referida. O quinto e último capítulo versa sobre a revolução filosófica operada em *Ser e tempo*.

O método

A "vontade de subversão e de destruição" que anima a questão do sentido do ser — verbo derivado do latim *esse* e do grego *eimi* (ou do particípio ente, correspondente ao *ens* latino e ao *tó òn* grego) — está na busca do pressuposto que possibilitou a sua formulação e que se estampa no recuo em relação à linguagem implicado nessa mesma pergunta. Pergunta Heidegger em *Ser e tempo*, de que são quase todas as citações do presente texto, excetuando as fontes expressamente citadas em Referências e fontes: "Temos hoje uma resposta à questão do que significa a palavra ente? De modo nenhum. É pois justificável que se coloque de novo a questão do sentido do ser." (SZ, p.4)

Quem faz a pergunta, colocando essa questão, somos nós mesmos como *Dasein*. O *Dasein*, ente que nós mesmos somos, tem a possibilidade de pôr essa questão. Quando a fazemos, se estabelece uma relação circular entre quem questiona e o questionado, entre quem interroga, o ente que somos e o ser interrogado. Por que se pode afirmar isso? Em razão do método adotado, oriundo da fenomenologia de Husserl, reinterpretada em íntima relação com a hermenêutica. Reinterpreta-se a fenomenologia, ciência da consciência, na acepção de seu fundador, como um permitir ver o fenômeno, aquilo que se mostra por si mesmo uma vez liberado de seus encobrimentos. E aquilo que assim se mostra é o ser do ente focalizado, uma vez que na fenomenologia reinterpretada, a intencionalidade não é mais, como foi para Husserl, a propriedade fundamental da consciência, mas a direção para o ser compreendido, isto é, para o ser pré-descoberto, de que a consciência é o ponto de abertura.

Sob esse novo ângulo, a fenomenologia adquire um porte ontológico, ou melhor, ela se torna ontológica. A fenomenologia é ontologia, e, como ontologia, é uma hermenêutica, porque a descritividade fenomenológica tem o alcance de um trabalho de interpretação aplicado ao *Dasein* — não de fora para dentro, mas de dentro para fora, uma vez que parte do *Dasein* e é pelo *Dasein* mesmo conduzida. O método se compatibiliza, pois, com a investigação do *Dasein* em si mesmo e por si mesmo. Essa investigação exige, no entanto, que se neutralize a consciência numa *epoqué*, posta por conseguinte num parêntese metodológico. "Em lugar de consciência (*Bewusstsein*), leremos *Dasein* (ser-aí)". E está em germe na noção mesma de *Dasein* a delimitação do método — a base que o legitima, que não é outra senão a compreensão do ser, na qual já nos encontramos ao iniciar a analítica, e que, portanto, detém um alcance pré-ontológico: o âmbito da existência humana a que se aplica e a temporalidade aonde chega e que a fundamenta.

Daí poder se dizer, em primeiro lugar, que o *Dasein* é o ente que compreende o ser, o que significa compreendê-lo em sua existência e entender a existência como possibilidade sua, de ser ou de não ser si mesmo, com a qual está concernido. Se o *Dasein* é um ente, é um ente que põe em jogo o seu próprio ser. Assim, o que se visa em *Ser e tempo* — elaborar a questão do ser — é esse mesmo jogo da questão, da pergunta sobre o sentido do ser. Temos que auferir esse sentido à luz de quem pergunta, o *Dasein* como ente, que na pergunta já visa o seu próprio ser. E visando-o, investiga a sua existência, que não tem como um objeto diante de si mesmo, mas como risco de ganhar-se ou de perder-se. Portanto, essa investigação é polarizada pela *autenticidade* ou pela *inautenticidade* em que se resolve. Mas o ponto de partida, para evitar a intromissão de conceitos previamente elaborados mas não aclarados, é a mediania banal da vida cotidiana, como o nível de interpretação corrente de si mesmo, dos outros e do mundo em que o *Dasein* já se encontra. Para ele, existir é interpretar-se. E interpretar-se é questionar-se. Porém no questionar-se está em jogo a questão do ser. Por isso, insiste Heidegger em dizer-nos que este ente que nós mesmos somos, o *Dasein*, é aquele que, em virtude de seu próprio ser, tem a possibilidade de colocar questões.

Desse ponto de vista, porém, a intencionalidade deixa de ser uma propriedade da consciência, como foi para Husserl. A relação intencional como que a desinterioriza. O voltar-se dela para os objetos está enraizada na compreensão do ser em cuja órbita se move. Nessa confrontação contestatória ao pensamento de Husserl achava-se Heidegger, porém, aliado ao pensamento grego antigo, e de modo particular a Aristóteles, reinterpretando a descrição fenomenológica enquanto intuição das essências como *logos*, *phainomenon* e *alétheia*: o primeiro significando tornar patente ou manifesto aquilo de que se fala, portanto objeto do discurso; o segundo, aquilo que se mostra por si mesmo; e o terceiro, não velamento e não encobrimento. O ser verdadeiro, que corresponde à *enteléchéia* aristotélica, ao ser em ato, coincidiria com aquilo que é (*tó òn*) e portanto com a essência (*ousía*): mas não com o ser, e sim com o ser do ente enquanto presença (*Anwesenheit*)

Se a investigação heideggeriana é acompanhada pelo interesse, no sentido que Kierkegaard atribuiu a essa palavra, daquele que existe, o seu objetivo não é proporcionar instrução espiritual, mas, partindo do plano existencial, pré-teórico, que sempre tem por fundo, determinar o complexo de estruturas (chamamo-las de *existentivas* para diferenciá-las do plano *existencial*, relativo à existência de cada qual) que constituem o *Dasein*, e nas quais repousa o sentido de seu ser. Assim a ontologia fundamental abrange os seres da ordem do *Dasein* e aqueles dois que a essa ordem não pertencem, chamados de categorias, e que são o *ser-à mão* (*Zuhanden*) e o *ser à vista* (*Vorhanden*), ou seja, os entes acessíveis na práxis e os entes que se apresentam diante de nós como objetos substantes. O *Dasein* como ente é *ser-no-mundo*.

O mundo

A expressão *ser-no-mundo* nem exprime um nexo de continuidade entre o *Dasein* e os outros entes nem exprime uma relação de encaixe desse ente no mundo natural. Significa antes de mais nada um ser *familiar a*, traduzido pela locução alemã *sein bei*, e que corresponderia, em nossa língua, ao que conota o verbo *estar*. Ser-no-mundo implica por isso transcender o mundo. Mas a transcendência pertence ao *Dasein*, isto é, à sua constituição fundamental. A relação com o mundo é um engajamento pré-reflexivo, que se cumpre independentemente do sujeito por um liame mais primitivo e fundamental do que o nexo entre sujeito e objeto admitido pela teoria do conhecimento. É mais uma região ontológica do que uma realidade dada. Designaria uma totalidade no gênero kantiano de totalidade transcendental. O mundo que está aí diante de nós não é ente ou receptáculo de objetos. Só no mundo os entes se nos tornam acessíveis, inclusive o *Dasein*, que não está dentro do mundo. Os entes que nos cercam, e que não são o *Dasein*, fazem parte do mundo circundante; podemos chamá-los de *intramundanos*. Lemos na Introdução de *Ser e tempo*: "Ao *Dasein* é inerente essencialmente: ser num mundo. À compreensão do ser que é inerente ao *Dasein*, concernem, com igual originariedade, o compreender o que se chama 'mundo' e o compreender o ser dos entes que se tornam acessíveis dentro do mundo." (SZ, p.13) Ser-no-mundo assinala a transcendência do *Dasein* e, como tal, constitui a estrutura da subjetividade. Não há sujeito sem mundo; não há homem sem *Dasein*. A idéia de sujeito leva ao *subjectum* (*hypokéimenon*), à substância. Porém o *Dasein* desatrela-se do primado do sujeito enquanto a investigação chega ao fenômeno, focalizado na mediania banal e indiferenciada do cotidiano, extraindo hermenêuticamente das aparências o fundo original, pré-ontológico, do *Dasein* nele liberado. Trata-se da ação da analítica: ela desce, em seu esforço interpretativo ao modo de ser do cotidiano, estabilizado na mediania da conduta tanto numa sociedade primitiva quanto numa sociedade civilizada.

Longe do plano contemplativo, o mundo que Heidegger focaliza preliminarmente, o mundo circundante, intercambia, na práxis cotidiana, as dimensões da vida ativa, o prático da ação, ao poético do produzir e do fabricar.

Nossa primeira relação com o que nos cerca não é cognoscitiva, mas de lida, de trato, de manipulação: uma relação instrumental de acesso aos entes pela qual nos servem para isso ou para aquilo, cada qual sendo a serventia que prestam, o uso que fornecem. É o para quê do utensílio, a sua disponibilidade como ente à mão (*Zuhande*) numa experiência ante-predicativa, envolvente, de preocupação. O ente à mão é mais obra, como trabalho que se insinua enquanto existe. Que diferença haverá nesse nível entre natureza e produtos da natureza? "O bosque é parque florestal, a montanha uma pedreira, o rio força hidráulica, o vento, sopro nas velas." (SZ, p.70) Mas a instrumentalidade antes aviva do que apaga o mundo como estrutura subjacente à preocupação. Um utensílio liga-se a outros referencialmente; e a referencialidade, com o seu conteúdo de signo, alquebra, mediante o olhar em torno — a visão circunspectiva, a envolvência nossa na lida cotidiana ou na conduta de trato. O exemplo de Heidegger (a seta de assinalamento da posição dos automóveis ou o pisca-pisca) é de todo prático. Mas o pisca-pisca só nos presta esta serventia a partir do mundo que torna o instrumento disponível. Sem mundo não haveria uso; sem uso não haveria pisca-pisca. O *Dasein* compreende esses nexos referenciais, cujo todo é dotado de *significatividade* — um entrelaçamento de significações, do qual é inseparável o mundo circundante, cujo âmbito é espacial, mas não num sentido métrico, como o aposento em que me movimento familiarmente, tal uma *paragem* (*Gegend*) em que me encontrasse.

A abertura. O *Dasein* é também espacial nesse sentido, que difere do cósmico e do geométrico, aos quais, no entanto, dá origem por ser o mesmo *Dasein* aquele que delimita a proximidade e a distância, segundo as direções fixas do corpo, o alto e o baixo, a direita e a esquerda, o longe e o perto. O *Dasein* não habita o espaço, ele espacializa: abre o espaço que ocupa como ser no mundo. Preocupado em agir e fazer, e desta forma ocupado com ações e obras, o *Dasein* também cuida de outrem. Seja de maneira positiva, negativa ou indiferente, a existência não é só a minha existência, mas também a de outro, comigo compartilhada num *ser-em-comum* (*Mitsein*). Ser-no-mundo, o *Dasein* é igualmente ser com os outros, tendo nisso uma outra via de acesso ao mundo, capaz, no entanto, de subtrair-nos a nós mesmos, de englobar-nos nessa busca de si em que nos empenhamos como um poder estranho, superior, anônimo, impessoal — a gente (*das Man*) — em que nos demitimos, e que a todos se sobrepusesse, sob a máscara do pronome Eu, depois de ter origem em cada qual. Do cuidar dos outros passamos ao senhorio do ser-em-comum. A abertura (*Erschlossenheit*) que por aqui ocorre tem a sua contraparte no encobrimento (*Verdecktheit*). Essa abertura está, no entanto, provida por mais originários abrimentos, também com o sentido de *luminosidade* e *clareira*, dando à filosofia de *Ser e tempo* um de seus traços mais avançados ou revolucionários. Nem o abrimento ao mundo nem o abrimento aos outros seria possível se não estivéssemos imersos no meio do ente em sua totalidade, por outras palavras, situados facticamente no mundo e diante dos outros, já sentindo ao pensar e já falando ao sentir. Ao mesmo tempo que imergimos no meio do ente, pondo-nos em contato com coisas de serventia e, por intermédio destas, com coisas à vista moldando o conceito de ser natural, projetamo-nos para além do mesmo ente. Tanto a *imersão* quanto a *projeção* não podem separar-se do circuito da convivência — *ser-com-outros.*

A carga afetiva indica a *imersão* (*Befindlichkeit*), que nos revela o nosso irredutível aí no mundo, onde já nos encontramos lançados. Esse ser lançado é correlativo ao *projeto* estadeado no compreender, que integra o conceito mesmo de existência, inseparável de seu poder-ser. Ambos, *imersão* e *projeção*, delineiam, como também o faz o *discurso*, enquanto meios de abertura o âmbito pré-teorico de nossa conduta. E cada modo de existência traz a compreensão de nós mesmos e do mundo. A fala ou o discurso, que é também um abrimento originário como a afeição, indica a projeção, na medida em que, modo possível de nós mesmos, projetar é interpretar-nos, a nós, aos outros e ao mundo.

A *interpretação* nada mais é do que o desenvolvimento do compreender apropriando-se das possibilidades em que o poder-ser se projeta. Mas essa apropriação não é jamais algo sem pressuposto: parte de um referencial que se tem (*Vorhabe*), explicita-se em conceitos prévios (*Vorgriffe*) numa certa perspectiva (*Vorsicht*). O sentido dessa apropriação já é discursivo, mas não proposicional. Comensurando a abertura, o discurso comensura a linguagem ao ouvir (*Hören*) e silenciar (*Schweigen*), que são suas possibilidades.

Os sentimentos. Sentimentos não são epifenômenos nem simples estados afetivos; o tédio, a alegria e a esperança abrem-nos o mundo de diferentes formas. Mas, acompanhando Kierkegaard, Heidegger excepcionalizou a angústia. Vamos descrever a angústia que Heidegger aprofundou em *Ser e tempo* antes do tédio, que examinou detidamente em outra obra, *Conceitos fundamentais de metafísica*, complementar a *Ser e tempo*.

Antes, porém, diremos que o sentimento de alegria, do qual o filósofo trata de maneira sucinta, interrompe a tônica do medo ou do terror que domina o cotidiano. Já o temor ocorre tanto da presença de um outro *Dasein* quanto da natureza e dos utensílios. O que se teme é sempre algo dentro do mundo, intramundano. O porquê do temor é o próprio *Dasein* entregue a si mesmo ou às outras espécies de ente. O temor revela a essencial vulnerabilidade do ser humano.

Na angústia, diz-nos Heidegger, acompanhando Kierkegaard, o que nos ameaça não está em parte alguma. Não estando em parte alguma, a ameaça entretém relação com algo que não é intramundano. O que nela é temido se desloca para o mundo. O perigo que nos espreita e em toda parte nos acua é o mundo como mundo, originário e diretamente, que se abre para o *Dasein* desabrigado. O incômodo do desabrigo é a fáctica possibilidade a que nos entrega como *solus ipse*. É afinal o *Dasein* mesmo que nos angustia, porque já sem a proteção do cotidiano, revelando-se, então, nesse sentimento; o poder-ser livre, a possibilidade de escolha, desapossado da familiaridade com o mundo, tornado inóspito. Angustiar-nos é não mais nos sentirmos em casa, a estrutura da subjetividade abalada, sem o encobrimento da mediania do cotidiano e a envolvência da queda, de que mais adiante nos ocuparemos. Nessas condições, fugimos continuamente da angústia, ameaçada pelo poder-ser si mesmo da existência. Numa dialética discreta, mostra-nos *Ser e tempo* que, nesse sentimento, o intramundano cede lugar ao mundo, ao passo que o objeto ameaçador nada é. O afloramento do Nada aqui denunciado será o expresso tema da experiência de angústia em *O que é a metafísica?* e *Kant e o problema da metafísica.*

Há três espécies de tédio, sendo duas superficiais, que despontam de situações particulares, e uma terceira, dita profunda, que provém do fundo temporal do *Dasein*. A situação particular da primeira é a expectativa de um evento certo, de ocorrência incerta; procuro distrair-me para deter o tempo, com o que preencho o esvaziamento que me atinge. A situação da segunda é o esquecimento do tempo; esvazia-se-nos o eu. Do tédio profundo disse Leopardi que pode ser "a mais estéril das paixões humanas" e a mais fecunda. Os animais não o conhecem, ao contrário do homem. Os entes continuam aí mas sob o foco de uma "indiferenciação espantosa" O correlato do tédio é essa recusa da parte dos entes. O que o torna possível — o horizonte do tempo — é o que também possibilita o *Dasein*.

Discurso e linguagem. Não se pode afirmar que o ser humano tenha adquirido linguagem. O ser humano é falante. Em conseqüência do que a fala ou o discurso lhe proporciona um meio de abertura, como um prolongamento da interpretação (*Auslegung*), de que a linguagem, como sistema de signos, historicamente concretizada numa língua, é instância ôntico-empírica. As palavras podem espedaçar-se e coisificar-se. Elas brotariam das significações articuladas. Ambos conceitos, discurso e linguagem, traspassantes, têm sua comum raiz no conceito aristotélico do homem como ser capaz de falar — *zóon lógon échon*. Dizer algo, de certa maneira, para alguém, numa tonalidade ou disposição de ânimo, nisso consiste o fenômeno do discurso em sua completa estrutura significativa. É ele a condição transcendental da linguagem como "totalidade de palavras" de uma língua, na perspectiva do ser-em-comum no cotidiano, que faz da mesma linguagem um ser utensiliar. Na convivência, o ser-em-comum se objetifica ou impessoaliza, a nós se impondo como o poder estranho da *gente* no *falatório* ou na *parolagem*, a que se interligam a *curiosidade ávida* (*Neugier*) e a *ambigüidade* (*Zweideutigkeit*). Então é na linguagem que o homem freqüentemente decai; a *queda* é a mais explícita maneira de inautenticidade, a forma estabilizada da vida cotidiana como envolvência estruturada sobre a preocupação e a solicitude. Cadente, o ser-no-mundo é ao mesmo tempo alienante (*entfremdend*). Sem equivaler a uma situação passageira, suprimível quando a humanidade estivesse mais avançada, a queda, propriamente um existentivo em que se apóiam as religiões de salvação, é "o conceito ontológico de um movimento" que confirma a situação fáctica do *Dasein* e a sua existência como poder ser — a facticidade e a existencialidade, na linguagem heideggeriana. Cada um desses aspectos aclara o ser-no-mundo de que se desdobra e traz implícito o fenômeno do *cuidado* (*Sorge*) em que o ser do *Dasein* se desencobre.

A morte

O *Dasein* se desencobre como poder-ser. Mas sendo essa possibilidade sempre minha, ela seria a todo instante recuperável, a existência se prolongando infindamente. Mas desde o princípio o *Dasein* está predeterminado pelo seu fim. Basta o homem viver, que já é bastante velho para morrer, reza antigo provérbio alemão. Então a morte é esse fim "como possibilidade da impossibilidade". Estamos diante do não-ser como essência da existência. Eis em que consiste o *ser-para-a-morte*. "O *Dasein* não tem um fim aonde chega e simplesmente cessa, mas existe finitamente." (SZ, p.329)

Mas diante dessa existência finita, da morte, o homem como ser cadente não cessa de fugir. Quem morre é a gente, não eu. Esquivo-me da morte no anonimato da gente. Fujo dela enquanto possibilidade própria. Mas se não fujo, exercito-me diante da mais extrema e radical possibilidade de mim mesmo. E assim exercitando-me antecipo-a, assumindo-a; e, portanto, decidindo. A decisão (*Entschlossenheit*) é uma escolha, e, se isso ocorre, angustio-me. Mas na angústia libera-se o poder-ser mais próprio, mais autêntico do *Dasein*, com a sua compreensão respectiva, conforme confirmação trazida pela "voz da consciência", forma que a autointerpretação desse ente confere à tradicional "consciência moral", nesse caso funcionando como situação hermenêutica.

Sócrates ouvia essa voz da consciência como o seu *daimón*, que o chamava e que, ouvido em silêncio, punha-o fora da ação e do circuito da gente. Esse chamamento cobra-nos uma dívida e invoca-nos a culpa. O estranhamento do chamado e sua silenciosa invocação, bem como aquilo para o que nos convoca, convergem no fenômeno do poder-ser próprio atestado por essa voz da consciência. Como interpretar a dívida, como entender a culpa?

Chama-se culpa a causa de uma deficiência em relação a outrem, ao ser-em-comum, portanto. Mas essa deficiência não é estranha à nossa condição. O déficit fica a cargo do não-ser que já somos e pelo qual responde a liberdade fundada na transcendência. Dessa forma, a genealogia da consciência moral remonta ao cuidado e a seus suportes — a disposição, o projeto e o discurso. Forçoso é concluir que as dimensões da abertura são as da consciência moral.

Tal perspectiva parece ter sido antecipada por Heráclito quando escreveu no fragmento 119 que "o *daimón* do homem é o seu ethos". Nada mais estranho para o homem do que o ethos toldado pela angústia e rompendo com o falatório cotidiano. A vocação do *daimón* chama ao cuidado, que responde pela culpa, mas não por obra de erros e omissões. Basta a finitude nossa para inculpar-nos. Mas essa mesma culpa nos chama para a finitude. É então que, compreendendo-nos livres, podemos ouvir a intimação desse poder-ser. A vocação convoca-nos à nossa liberdade, a um "querer ter consciência", que é o que escolhemos angustiadamente.

Ao contrário, porém, a "consciência moral" é uma espécie de gestionária mercantil e administrativa do mundo para a interpretação à luz da mediania do cotidiano, perante a qual "a vida é um negócio que cobre ou não os seus custos". (SZ, p.289) Nesse nível, a voz se torna contabilização do mérito e do demérito. No entanto, a vocação ouvida e compreendida dessa forma nada prescreve. Pela decisão, recuamos do domínio estabilizado das normas à determinação da liberdade, com o que se desencobre o que é facticamente possível na situação em que já nos encontramos. A decisão alcança a verdade originária da existência, como determinação da liberdade e forma germinal da ação. Numa problemática kantiana, poder-se-ia dizer que a decisão é constitutiva da razão prática.

Já vimos que Heidegger confere ao exercitamento para a morte o papel de liberar as nossas autênticas possibilidades fácticas. Agora constatamos que essa decisão é como o parto da consciência moral. Concorrentes que se traspassam, o *ser-para-a-morte* e o *poder-ser livre* implicam, cada qual, a projeção do *Dasein* para fora de si mesmo, com o que a existência toma a configuração de um êxtase, de um movimento extático, que traça o perfil ontológico da temporalidade.

Tempo e temporalidade

O cuidado, como ser do *Dasein*, contraria a idéia de imanência substancial do eu. O poder ser si-mesmo próprio ocorre por um ato de apropriação do *Dasein*, numa decisão extrema, projetando-o na direção da morte que o totaliza. Mas essa projeção entreabre o que torna possível um ente que existe adiante de si, lançado e cadente: o poder advir a si, "e nisso mantendo a possibilidade como possibilidade, isto é, existindo". (SZ, p.325) Mas o *Dasein* só retrovém (passado) advindo (futuro) a si; e porque retrovém ao advir, é que gera o presente. Ai temos o movimento *extático* — o fora de si em si e para si mesmo da existência — que se chama de *temporalidade*. Cada um desses componentes é um êxtase, fundando um membro da estrutura do cuidado: o advir ao poder-ser, o retrovir ao ser lançado, o apresentar ao estar junto aos entes. Nesse movimento tríplice, ocorre um desclausuramento da subjetividade.

Em sua singular completude, a temporalidade pode abranger o homem em seu ser como um todo porque se remete (e nos remete) à morte, assumida contra a tendência para encobri-la no envolvimento do cotidiano. Cessaria então, graças a uma decisão antecipadora que alcançasse o fim que já somos, a oscilação que polariza o *Dasein*, e que a analítica acompanha, entre o plano da existência autêntica e o da inautêntica. Nessa decisão, revela-se o perfil da temporalidade autêntica: o futuro, que puxa a cadeia dos êxtases, é uma antecipação; o passado, a retomada do que uma vez foi possível; e o presente, o instante da decisão. Assim, os êxtases (*ek-stasis*) da temporalidade corrigem a compreensão vulgar do tempo, que tem no presente a sua fase axial: os momentos pretéritos ficariam para trás, e os porvindouros passariam para a frente, ainda por suceder. Na verdade o passado ainda está presente, como mostra a retroveniência. O *Dasein* ainda é o passado sem deixar de ser presente. E no presente está comprimido o passado; como no passado antecipa-se o futuro.

Santo Agostinho tinha razão: não há três tempos. E nem é o fluxo da consciência, como tempo cósmico, evolutivo, segundo a concepção de Bergson, que os substitui. A temporalidade está mais próxima do *continuum* descrito por Husserl, como experiência preliminar imanente que constitui as vivências. Mas se os momentos desse *continuum* são os êxtases, não há como estabelecer a gênese da temporalidade a partir do eu. Pois que da temporalidade não se pode falar como de um ente. Nem subjetiva nem objetiva, só podemos dizer que ela se *temporaliza* em cada um de seus êxtases. É certo que a temporalização envolve de cada vez os três êxtases numa relação recíproca de cada qual com os outros dois.

Mas qualquer que seja o êxtase, opere-se a temporalização pelo "futuro" como na existencialidade, pelo passado como na facticidade e pelo "presente" como na queda, cada um dos demais também se temporaliza, respeitada sempre a primazia do "futuro", relativo ao compreender, que possibilita o projeto, mas é originariamente determinada pelo passado presente (*Gewesenheit*) e pelo "presente" (*Gegenwart*), cujo acento se desloca para o apresentar, ou seja, para o que se torna presente. O "presente" que funda a queda também temporaliza a envolvência pelos entes em que nos perdemos no mundo circundante. Mas por aí chegamos à *temporalidade imprópria*, quando o presente se torna um simples *agora*, quando o "futuro" muda-se em expectativa (*Gewartigen*), o "passado" produzindo-se em esquecimento (*Vergessenheit*) no que já passou. Ela esquece a morte, e o ser, a menos que se recupere em seu poder-ser e, com a primazia do "futuro", restabeleça o *tempo originário*, em que o "passado" se dá como retomada (*Wiederholung*) e o apresentar como *instante* (*Augenblick*) da decisão.

O tempo originário é finito e assegura a gênese do ser do *Dasein* e da existência cotidiana. A temporalidade imprópria tende à infinitude. Ela se estende aos entes intramundanos através do "presente", como se deles se originasse. Chama-se, por esse motivo, *intratemporal*.

O intratemporal. Desatado da preocupação na práxis cotidiana, o intratemporal inclui a compreensão do tempo como provisão disponível, ao alcance de qualquer um e de todos, com que se conta sempre e antecipadamente para fazer — e não fazer — isso e aquilo: o tempo que tanto podemos agarrar (*Prenez votre temps*, diz a usual locução francesa) quanto dissipar ou perder. Como a preocupação é a ondulante conduta de confronto com as coisas diante das quais se está, ela condiz com o apresentar da temporalidade extática e se expressa num "agora que". "Dizendo agora nós sempre já compreendemos um em que 'isso ou aquilo', embora sem dizê-lo explicitamente." (SZ, p.408) O "agora" é também um "aqui" dentro do mundo. E assinalaria apenas fugidio momento, se ao pronunciar "agora" não expressasse igualmente, ainda que de forma tácita, um "então" e um "outrora". Mas "então" quer dizer "ainda não" e "outrora" "já não mais". Cada um desses termos é, pois, co-implicado pelos outros; o encadeamento entre eles nos dá uma estrutura relacional remissiva.

Não é porém insignificante pormenor que o encadeamento seja verbal. Na estrutura remissiva, temos a sucessão em imagem — um esquema da idéia de sucessão — que permite localizar acontecimentos no tempo — ou, na terminologia heideggeriana, a databilidade, em que se apóia a *datação*. Mas, desse modo, o tempo se torna disponível entre os termos da estrutura remissiva — do "agora" ao "então" e do "outrora" ao "agora", numa linha extensiva, o "enquanto", e eis o *intervalo* (*Spanne*), esquema da permanência ou da duração. Como esse tempo é preenchido por um que-fazer, a sua disponibilidade fica no mesmo plano da disponibilidade prática das coisas, que não nos são dadas como objetos da natureza, mas descobertas em sua serventia, ao alcance da mão. Esse vinco pragmático se fortalece no terceiro traço que Heidegger atribui ao intratemporal: o *caráter público*, de base instrumental. Ao dizer "agora" sustenta-me esse referencial comum. Também quando olho o tempo no relógio.

O tempo com que contamos é agora o tempo contado, medido, descoberto nas coisas — o curso dos astros, a alternância do Dia e da Noite — e transferido a instrumentos públicos de contagem para todos, os relógios, sejam eles varas de sombra, ampulhetas, clepsidras, relógios mecânicos ou atômicos. O *Dasein* já conta com o tempo e por isso medidas sucederão a medidas, de acordo com o instrumento utilizado. Olhar o relógio, ver as horas, significa utilizá-lo para a regulação de atividades, dizendo "agora é tempo de". Mas a dominância pública do medidor converte a contagem numa sucessão de "agora" independentes, e o tempo contado passa a ser um curso temporal objetivo. No entanto, é preciso não esquecer que o intratemporal deriva da temporalidade. Mas ao derivar da temporalidade, o intratemporal modifica-lhe a ordenação dos êxtases, pondo na dianteira o presente em função das coisas ou objetos na direção dos quais se temporaliza.

Essa primazia do presente se traduz no efeito de nivelação dos "agora", identificados ao instrumento medidor, digamos os ponteiros do relógio — para nos lembarmos de Bergson —, o que justifica a definição do tempo na *Física* (IV, 219 h) de Aristoteles — a medida do movimento segundo o anterior e o posterior —, que Heidegger identifica ao conceito de *tempo natural ou vulgar*.

Terá sido esta a "primeira interpretação detalhada desse fenômeno que nos foi transmitida", a qual Heidegger interpretará por sua vez, a começar pela sua conferência de 1924, *O conceito de tempo*. A continuação do mesmo exame, a ser efetivado na terceira seção da segunda parte não publicada de *Ser e tempo*, só viria a ser feita no curso do segundo semestre de 1927, *Problemas fundamentais de fenomenologia*. Primeiramente Heidegger se refere ao nexo do tempo com o movimento, focalizando depois o "agora" como base desse mesmo nexo remissivo ao "relógio que a existência humana sempre possui", regulado pelo número do movimento repetitivo. Nenhuma distância maior pode haver do que entre essa concepção e a de Heidegger, a menos que consideremos que o que Aristóteles descreve em seu tratado é a compreensão cotidiana pública do tempo que usamos e com que contamos. De qualquer forma, a descrição aristotélica é esmiuçada em *Problemas fundamentais de fenomenologia*: o tempo, um número do movimento, este tomado na perspectiva do antes e do depois, daí considerando-se o tautologismo da definição, a que se acrescenta a condição do "agora", constitutivo do tempo. O "agora" se divide num anterior e num posterior.

"Nenhuma tentativa para decifrar o enigma do tempo pode dispensar um debate com Aristóteles", declara o mesmo curso, pois foi ele quem pela primeira vez e por muito tempo conceitualizou de maneira unívoca a compreensão vulgar do tempo, de tal modo que a sua concepção do tempo corresponde ao conceito natural do tempo."

Rege o intratemporal a preocupação com o mundo circundante; dominado pelo "presente" e sob a perspectiva do cotidiano, ele estende-se indefinidamente em cada "agora". Nesse nível, portanto, o tempo é objeto de preocupação. A existência humana é por ele dividida. A temporalidade converte-se, como na *Física* de Aristóteles, em medida de movimento. Sem princípio nem fim, seu correspondente essencialista no "mundo superior das idéias" é a eternidade, de que constitui a "imagem movente".

Revela-se afinal a temporalidade como o fenômeno possibilitador do *cogito*. Penso, logo sou! Na verdade, o *cogito* não é um puro "eu penso", mas a realização de uma passagem do pensamento à existência, subsidiada pelo tempo — o tempo pontual da evidência, conquistada a todo instante e que assegura o conhecimento de que sou. Mas o que sou em minha identidade, como *res cogitans*, temporaliza-se no presente. O decisivo a esse respeito está na afirmativa seguinte: "A temporalidade extática é o que ilumina o aí originariamente." (SZ, p.351)

Dizer que o *Dasein* é temporal significa que a estrutura da subjetividade, do si mesmo, está fundada no movimento *extático* do qual depende o caráter intencional da consciência, a sua direção para os objetos. Ultima-se também aqui o fenômeno do "sentido", implicado, em decorrência da questão mesma do ser, nas estruturas todas com que deparamos na analítica: da significação ao mundo, da abertura ao cuidado. Sentido "é aquilo em que se apóia a compreensibilidade de algo". (SZ, p.151) A compreensão do ser desemboca no tempo, que é o sentido do *Dasein*. Dado que é na temporalidade que se explicitam as estruturas existentivas todas, temos que concluir que a temporalidade, enquanto condição da existência como poder-ser, é a possibilidade da possibilidade.

Por fim, a temporalidade neutraliza a vigência da substância. A substância do homem é a existência e o *Dasein* é temporal: existe temporalizando-se, entre nascimento e morte. Sem a temporalização nenhum *Dasein* seria, e sem o *Dasein* não haveria mundo. Este ente não preenche pois, como se viu da concepção do tempo, as fases de um trajeto, mas prolonga-se a si mesmo (*streckte sich selbst*). Eis o que impõe à sua existência a estrutura do acontecer (*Geschehen*), de que deriva a historicidade. Temporal no fundo de seu ser, o *Dasein* é histórico.

Historicidade e historiografia. O termo história se generalizou à natureza, e com o respaldo das idéias de evolução e de transformação dialética, pôde-se conceber uma história global, sob um tempo único e uniforme como o descrito por Aristóteles. A história da espécie humana faria parte dessa história global, em continuação à das galaxias, da terra e da vida em geral, tal como foi concebida pelas linhas hegeliana e positivista do historicismo germânico, com as quais Heidegger polemizou e do qual Herder traçou as grandes linhas, quando escreveu em sua *Filosofia da história*: "Tudo é um grande destino, não pensado pelos homens, não esperado nem provocado por eles." Hegel pensou depois esse "grande destino" como a regência de uma razão astuciosa que se universaliza valendo-se do espírito de cada povo. É a vida humana que é histórica e não a natureza. Por isso a ciência da história ou historiografia alcança o conhecimento da realidade espiritual em que desemboca o intercurso das ações intencionais dos homens. A essa posição foi guindada por Dilthey, um hegeliano: a história é uma das ciências do espírito. Já para o positivista Leopold Ranke, seria preciso neutralizar a subjetividade para que os fatos históricos fossem reconstituídos tal como se passaram. Tanto como o evolucionismo, o materialismo histórico incidiu na mesma concepção do tempo natural e vulgar.

Heidegger discute a noção mesma do que é histórico, identificado ao passado. "O que foram as coisas que hoje não são mais? ... Em uso ou fora de uso elas não são mais o que foram. O que então 'passou'? Nada mais do que o *mundo*..." (SZ, p.380), responde ele. O mundo responde pela historicidade. É essa historicidade das coisas antigas, das Antigüidades, que abre para o historiador o passado. Ela tem duas pontas, uma individual e outra a do ser-em-comum. Essa segunda ponta traz de volta o intratemporal, já como tempo social e cultural, que impõe à historicidade o peso de um destino (*Geschick*) coletivo. Por um lado o *Dasein* decide voltando-se para si mesmo, entregue à sua finitude; por outro, ao decidir, retrai-se, nos limites da experiência geracional de que participa, a uma herança comum. Quando autêntica, a decisão é o instante da retomada de possibilidades do passado, do que nele ainda permanece vivo.

A historiografia tematiza o que, autêntica ou inautenticamente, abre-se na situação temporal de quem escreve a história; abre-se, portanto, na historicidade da existência do historiador, conforme ensina o §76 de *Ser e tempo*. No conhecimento histórico, portanto, está sempre em causa uma escolha do passado. Oscilando conforme a temporalização que a orienta, essa escolha introduz diversidade na angulação da história, de acordo com a estupenda intuição de Nietzsche na segunda de suas *Considerações inatuais*, aproveitada no §76 de *Ser e tempo*. Teremos ou uma história monumental ou uma história antiquária ou uma história crítica.

A primeira implicação da temporalidade heideggeriana é o abalo na representação aristotélica do tempo, preponderante na moderna filosofia da história. A finitude, sobrelevando-se à infinitude do tempo linear, atingirá ainda — segunda implicação — a idéia hegeliana da história universal como saber reflexivo do desenvolvimento da humanidade. O conhecimento histórico, possibilitado pelo tempo, não pode sintetizar senão o processo que o historiador alcança discernir através da perspectiva de sua época e de sua sociedade.

A revolução de *Ser e tempo*

Essa revolução toma forma na ontologia fundamental, como metafísica do *Dasein*, à custa de seis teses principais: a insuficiência da antropologia filosófica, porque abolindo a transcendência do *Dasein*; a finitude como expressão dessa transcendência e *proto factum* metafísico; o enfrentamento do Nada pela angústia; a abertura pela compreensão, pelos sentimentos e pela linguagem; a totalização do *Dasein* no ser-para-a morte; a identificação entre o poder-ser próprio e a autenticidade no limite entre o ético e o existencial. Dentro do quadro articulado por essas seis teses, a primeira grande mudança operada na tradição é a transferência da idéia de fundamento à transcendência do *Dasein*.

Nihil est sine ratione, nada existe sem razão. Razão e fundamento se equivalem. Nesse sentido, como diz Heidegger, a verdade remete sempre a um fundamento, que é um dar razão, e que reside na proposição. A proposição, como enunciado predicativo, depende do aberto do compreender — da descoberta de um ente que o sujeito proposicional indica e que o predicado faz ver sob certo aspecto — e do prolongamento comunicativo do compreendido, em que o ente descoberto se dá a ver para outrem. O indicado é o que a proposição mostra na forma do enunciado (*Ausgesagte*), como expressão verbal que ingressa no mundo do ser-em-comum. A comunicação, fala e linguagem, dá conta da enunciação (*Heraussage*) — do ato de asseverar, atributivo de um predicado a um sujeito.

Desse modo, a proposição se recorta duas vezes no discurso. Este, domínio do enunciável, articula a experiência antepredicativa da interpretação. É o *como hermenêutico* da visão cicunspectiva, articulado em palavras frases (isto serve ou não serve, pesado demais etc.) ao qual vai substituir-se o *como apofântico* da proposição categórica (isto é aquilo), suscetível de ser verdadeira ou falsa. Dado que "sentido" é a compreensibilidade de algo que o discurso articula, toda proposição tem uma interpretação subjacente por base. O enunciado predicativo seria uma forma derivada da interpretação.

"Ser uma proposição verdadeira significa que ela descobre o ente em si mesmo. Ela mostra, faz ver o ente em seu estado de descoberto (*Entdecktheit*)." (SZ, p.218) Mas esse fazer ver só é possível graças ao compreender e, conseqüentemente, graças à abertura do *Dasein* como ser-no-mundo. Daqui descemos à verdade originária no cuidado.

Verdade originária é o que cabe dizer do ser-para-a-morte, que confirma a finitude do *Dasein* requalificando o cuidado. Verdade originária equivaleria à verdade da existência. Ambas expressões remetem à abertura, a que se deve que a proposição seja descobridora. O fundamento da verdade é removido para a abertura, razão de todo descobrir.

Desse recuamento resultam inversões radicais que tonificam a revolução heideggeriana.

Em vez de apenas localizar a verdade, a proposição se localiza na verdade originária, no domínio do manifesto ou do iluminado que a revelação (*Offenbarkeit*) do ser, previamente aberto e manifestado, torna possível. O resultado dessa inversão combina com a exegese de *alétheia* (não ocultamento, não velamento), diluída no termo latino *veritas*, à custa do qual se fixaria a noção de *adaequatio rei et intellectus*.

Terceira conseqüência: o entendimento da *adaequatio* decorrente do vezo do *Dasein* a interpretar-se segundo o envolvimento da queda, refletindo os entes intramundanos que descobre em torno de si e junto aos quais se encontra. Dá-se nesse passo a regular dominância da interpretação entitativa do ser — o ser do ente — estampada na *ousia* ou *parousia* dos gregos.

A quarta conseqüência é a transferência da significação de "realidade" aos entes intramundanos. O "é" significa o ser, mas o ser não significa nenhum dos modos de afirmação categorial, nem uma coisa nem um ente. "Por certo, afirma Heidegger, só enquanto o *Dasein* é, quer dizer, a possibilidade ôntica da compreensão do ser, dá-se ser" (*gibt es Sein*)." (SZ, p.212) Dá-se ser e a "realidade". É o que se descortina através da conduta pertinente ao conhecimento.

O conhecimento teórico é uma modificação da experiência antepredicativa, endereçada ao descobrimento dos entes, que se apresentam como objeto. O apresentar-se como objeto demanda a presentificação do ente, temporalizado no presente. Tal seria gênese da atitude teórica, afeta a um domínio entitativo descoberto, a um *positum*, que a ciência não funda e que a possibilita. A verdade dos enunciados científicos é sempre derivada de uma verdade mais originária, por sua vez estribada na verdade ontológica do desvelamento do ser, a que se refere o sentido da palavra *alétheia*. Heidegger diz-nos expressamente que a ciência, "como um conjunto de proposições verdadeiras coordenadas e fundamentadas", é, enquanto conduta do homem, "a forma de ser desse ente." (SZ, p.11)

Da revolução conceitual provocada pela ontologia fundamental de *Ser e tempo* resultam três deslocamentos encadeados: dos princípios lógicos e dos cânones metodológicos, da positividade das ciências e da especulação filosófica.

Já a transferência do princípio de razão à essência do fundamento antecipa a transferência dos princípios de identidade e de não-contradição para algo mais originário, sem caráter proposicional, como a compreensão do ser inerente ao *Dasein*, que serve de fio condutor à analítica, superpondo-se aos cânones metodológicos da época moderna, pelo que se torna a mesma analítica uma contestação ao *cogito* cartesiano. O ser-no-mundo inverte o mesmo *cogito*. Ao "penso, logo sou", substitui-se o "sou no mundo, logo penso". Também as ciências, que estão suspensas à verdade originária, deslocam-se ao fundamento que a liberdade instaura, e confirmam a nossa finitude.

Longe está a posição de Heidegger daquela "reprovação da ciência pela filosofia" de que tanto falou Merleau-Ponty. Essa posição insiste na positividade mesma das ciências, no reconhecimento de uma "verdade ôntica" do conhecimento científico, com o fim de traçar por meio disso a "questão ontológica". Não é a validade das ciências que está em discussão, mas o que elas representam como possibilidade humana.

Como teoria, a ciência nasce da experiência antepredicativa. Sua origem é, portanto, extra-científica. Os conceitos fundamentais de uma ciência não são por ela mesma instaurados. As descobertas de sua investigação incidem sobre o já aberto do ser dos entes, que predelineia, no modo da projeção, a experiência constitutiva do mesmo domínio. Sendo a projeção uma possibilidade do *Dasein*, a abertura correspondente é um acontecer histórico.

É bom lembrar que a projeção matemática da natureza, tematizando o ente como mensurável, pelo qual podem determinar-se "fatos" e "planejar" experimentos, está na gênese da física galileana. A historicidade das ciências expressa-se nos conceitos fundamentais em que se baseiam. Lemos no §3 de *Ser e tempo*: "O nivel de uma ciência determina-se por sua capacidade de experimentar uma crise de seus conceitos fundamentais. Nessa crise imanente das ciências, vacila a relação mesma da investigação positiva com as coisas a respeito das quais indaga. Por todos os lados despontam hoje, nas distintas disciplinas, tendências a firmar a investigação sobre novos fundamentos." (SZ, p.9) Como momentos de crise, são períodos críticos de revolução científica, nos quais se abandona uma perspectiva dominante de conhecimento — que hoje chamamos de paradigma — e procede-se a uma revisão de conceitos. Foi o que ocorreu à época de elaboração de *Ser e tempo*, quando, então, surgiram uma nova matemática, uma nova geometria e se introduziram na física as teorias atômica e da relatividade.

Irrompida a crise, perturbada fica a rotina de práticas que se estabilizaram. Prevalece antes o sobressalto da liberdade, temporalizando sobre "o abismo (sem fundo) do *Dasein*", de sua transcendência, a verdade originária que desvela o ente desocultando o ser. Tal abertura desloca para a transcendência o sentido da prática teórica da ciência. Quer isso dizer que o desloca para fora do universo científico institucionalizado, que integra o mundo circundante público do cotidiano.

Dessa forma, a história das ciências, dependendo de possibilidades projetivas, recai na dialética do excesso e da privação que é própria da liberdade. Seus principais capítulos procederam de momentos de decisão, na sinuosa linha da temporalidade extática que obedece à "silenciosa força do possível". Como modo de conduta do *Dasein*, a ciência está ligada ao enfrentamento do Nada. Não obstante, assegura-nos a ciência um domínio entitativo pleno, inclusive para o teólogo, que o recebe no modo da fé. Em uma das obras complementares a *Ser e tempo*, a conferência *O que é a metafísica?*, escreve Heidegger: "Mas o estranho é que, precisamente, no modo como o cientista se assegura o que lhe é mais próprio, ele fala de outra coisa. Pesquisado deve ser apenas o ente e nada mais; somente o ente e além dele, nada; unicamente o ente e, além disso, nada."

Propõe-se aqui a questão do nada à custa da ciência e depois se propõe a mesma questão do ser, resgatada por um ato de rememoração do olvido a que a condenou a tradição metafísica do pensamento filosófico hegemônico. Mas o nada não é um conceito oposto ao ente; pertence, de modo originário, à mesma essência do ser. Admitiu-se antes a finitude do tempo originário. Admite-se, agora, a finitude do ser, que só se manifesta na transcendência do *Dasein* "suspenso dentro do nada". Como não concluir que a questão do nada é a mesma do ser e vice-versa? Com isso o império da lógica vacila. Vacila, também, a superioridade da ciência. Em contrapartida, a metafísica se converte em "acontecimento essencial no âmbito do *Dasein*", como diz a mesma conferência antes citada. Estamos colocados dentro da metafísica pelo fato de existirmos, mas a questão do ser põe em causa o posto da metafísica como ciência primeira e, ainda mais, o posto da filosofia como saber teórico.

Quando, portanto, a filosofia começa, ela já é um recomeço, mobilizada de cada vez pela questão do ser, e encobrindo essa mesma questão sempre que recomeça. A ontologia fundamental, que investiga a genealogia dos conceitos ontológicos preponderantes, reitera aquela questão rememorando o ser esquecido, passado em silêncio pela metafísica. A ontologia fundamental quebra o silêncio. E tenta desencobrir, no recuo a uma origem que ela não funda conceitualmente, e que a determina, o que ocorre de maneira obscura e distorcida no pensamento filosófico.

O ser é o *transcendens* que ela descobre na transcendência do *Dasein*. Assim a ontologia fundamental é a filosofia realizada como "ontologia universal e fenomenológica que parte da hermenêutica do *Dasein*, que, por sua vez, como analítica da existência, liga o ponto do fio condutor de toda questão filosófica àquilo de que surge e para onde retorna." (SZ, p.38)

O Dasein. A filosofia gira em torno da verdade ontológica na qual se funda toda verdade ôntica. Mas que *trancendens* descobre a fenomenologia hermenêutica senão o tempo originário? A diferença do ente ao ser, surgida na órbita da transcendência do *Dasein*, corresponde a esse *transcendens* descoberto na temporalidade. Assim, em seu extremo limite, a ontologia fundamental detém-se diante da *diferença*, noção dominante na segunda fase do pensamento heideggeriano, que aproxima o tempo do ser e que distancia do ser o ser do ente (entificação). O sentido do ser em geral, a que se ligaria a ponta do fio condutor — a pergunta pelo ser —, depois de desenrolado através do ente que o compreende de modo prévio em sua existência, excede e determina essa mesma compreensão.

"Pode a pergunta encontrar sua resposta retrocedendo à constituição originária do ser do *Dasein* que compreende o ser?" (SZ, p.437) Essa constituição originária, que faz do *Dasein* um ser-no-mundo, é a estrutura da subjetividade. Foi, afinal, a compreensão do ser que legitimou a suspensão fenomenológica do ser da consciência referido no §83 de *Ser e tempo*. Em vez de região ontológica privilegiada (como foi para Husserl), o ser da consciência é a relação de pertença (*Zugehörigkeit*) do homem ao ser, possibilitando o conhecimento de si — a ipseidade e a transcendência.

Por isso, não é o homem *Daseiende*, mas *Dasein*: a abertura, o aí da existência fáctica, que vai tanto do homem para o ser quanto do ser para o homem, está enfeixada semânticamente no *Da* de *Dasein*, relação que se perde no etimologismo praticado pela tradução brasileira de *Ser e tempo*, que seria de exemplar competência não fosse o hamletiano prejuízo desse único defeito — *by one defect* — que o fez traduzir o mesmo termo *Dasein* por *pré-sença*, sem perceber que, na leitura, a etimologia não vigora sobre a semântica e que, nesse ato de leitura, a palavra deixa de ser neutra (*das Dasein*), funcionando a presença como *Anwesende* ou como *présence*, assim escrito, certa vez, em francês, por Heidegger, de acordo o que se pode ler nos *Beiträge*, da terceira fase. "No sentido empregado pela primeira vez essencialmente em *Sein und Zeit*, este termo não se traduz, quer dizer, ele contradiz o ponto de vista do pensamento e do modo de expressão da história do Ocidente até agora: *Da Sein*. No sentido literal significa, por exemplo: a cadeira está aí; o tio está aí. Chegou e está presente; daí *présence* (sic). *Da-sein* significa propriamente um 'ente', mas não no modo de ser no sentido dito acima ... ."

O tratamento que a idéia de verdade recebeu no §44 de *Ser e tempo* deixa prever a inversão de rumo que separou Heidegger I de Heidegger II.

A essência da verdade. Deslocada da proposição, a verdade residiria no *Dasein*. Mas como a abertura é o domínio do iluminado e do manifesto, pode-se também dizer que o *Dasein* está localizado na verdade. Mas já vimos que a contraparte da abertura é o encobrimento. Sendo ambos, encobrimento e abertura, possibilidades existentivas, o *Dasein* fáctico, projetante e cadente, é, ao mesmo tempo descobridor e encobridor. Se assim é, ele está tanto na verdade quanto na não-verdade. A distinção entre o verdadeiro e o falso, na ordem dos juízos e das proposições, deriva de uma partilha que se efetua na órbita da conduta de um ente temporal e histórico que é livre para fundamentar — para dar razão, desencobrindo de suas aparências o ente no meio do qual se encontra e sobre o qual se projeta. A *alétheia* comporta um des-velamento: o ente descoberto, que se mostra na proposição, é arrancado de suas coberturas. A verdade, então, é um existentivo. A verdade exige, constrange e dá razão de si mesma; ela tem a força de um pressuposto. E como pressuposto encerra uma exigência feita ao ente para que se revele. O desvelamento, que extrai o ente com a violência de um "roubo", ocorre porém em função do aberto, ponto de emergência da verdade originária, à custa da decisão, ato de escolha abrindo o *Dasein* no seu poder-ser mais próprio. Quer isso dizer que o homem como sujeito, cria e constitui o verdadeiro, numa solução idealista, pois que a verdade seria relativa ao ser do *Dasein*? Heidegger também afirma isso. Como igualmente afirma que "reside no idealismo a única e correta possibilidade de desenvolver os problemas filosóficos". (SZ, p.208) Essa afirmação está de acordo com a intromissão da *negatividade* no conceito de transcendência identificado à liberdade. A cada momento do *Dasein* é o "não-ser de si mesmo". A despeito das elucidações em contrário, a negação traria à liberdade o seu alento.

Em suma, *transcendência*, *liberdade* e *negação* prolongariam o esquecimento, o olvido do ser na tradição metafísica do pensamento moderno. O "estranho tratado" *Ser e tempo* estava, no fim, envolvido pela metafísica que tinha sido problematizada. Como superar esse envolvimento senão rediscutindo a verdade originária? Nela ainda haveria representação? Ou o enunciado predicativo mostra somente aquilo pelo que se rege e que se manifesta na conduta, interpretando, como tal, a abertura, que é assim o pressuposto do critério de adequação — *adaequatio rei et intellectus* — sustentando portanto o nexo derivado entre verdade e proposição? A abertura constituirá o âmbito do desvelamento que tem no *Dasein* o seu aí.

Está, em síntese, nessa frase torcida a doutrina da conferência de 1930, *A essência da verdade*, final da primeira fase e início da segunda do pensamento heideggeriano. O que se desvela nesse âmbito?

O que se desvela nesse âmbito é o acontecimento de que depende a história ocidental: a pergunta do primeiro pensador grego sobre o que é o ente, que o abandona ao ser — ao ser que possibilita a história, daqui em diante referida por Heidegger como *historial*, assinalando a proveniência e a destinação do homem. É o ente aberto no *Dasein* que possibilita a história. O pensamento do ser é o fundamento oculto do homem, em que a história é fundada e sobre a qual é escrita.

A abertura do *Dasein* ao ser, que passará a chamar-se "clareira" (*Lichtung*) — o domínio do iluminado e do manifesto —, é reticulada, com zonas de sombra ou de ocultação, e o desvelamento, *fatum* da liberdade que possui o homem, é também, em si mesmo, simultaneamente, uma disssimulação ou retração. Somente aqui se completa a doutrina esboçada em *Ser e tempo*, no §44, segundo a qual o *Dasein* está na verdade e na não-verdade. O destino do indivíduo prolonga-se no do ser-em-comum, realizando-se como errância, onde não cai porque sempre nela está.

Manifestando-se no espaço de abertura, entre velamento e não-velamento, a *alétheia* acontece, e nesse acontecer consiste a essência da verdade. Mas, nessas condições, *a essência da* verdade é a verdade da essência. O ser não é mas se essencializa (*west*) na linguagem. Indicando o movimento de virada (*Kehre*), a pergunta, a questão do ser condutora, não é colocada mais através do *Dasein*, como na analítica, mas através da história do ser, sedimentada nos textos filosóficos, de que o primeiro momento, contendo a "força do princípio", é a *physis* dos pré-socráticos.

Destruição e poesia: grand finale. Mas, desse ponto de vista, a viragem, voltando-se para essa história sedimentada, já prenunciada na Introdução de *Ser e tempo*, opera de modo preliminar como destruição (*Destruktion*) da história da ontologia, "em busca das experiências originais em que foram alcançadas as primeiras determinações do ser, posteriormente diretivas". (SZ, p.22) Ora, essas primeiras determinações, com a "força do principio", já são também originariamente poéticas. Pensamento do ser e dizer poético se entrelaçam. Esse entrelaçamento pode ser entrevisto no inacabado texto do grande tratado de 1927, que nos indica a valência ontológica do poético: "A comunicação das possibilidades existentivas da imersão (*Befindlichkeit*), isto é, o abrir da existência, pode tornar-se o próprio fim do discurso poético (*dichtende Rede*)." (SZ, p.162) Em termos semelhantes, ela aparece nos *Prolegômenos para a história do conceito de tempo*, de 1925, em grande parte um esboço de *Ser e tempo*. E ainda com importante acréscimo. O discurso, e antes de tudo a poesia (*vor allem Dichtung*), libera novas possibilidades do ser do *Dasein*. E por fazê-lo confirma-se como modo de temporalização do próprio *Dasein*. Esboça-se a trilha da historicidade da linguagem e da poesia, que passará para *Hölderlin e a essência da poesia* (1936).

Os conceitos interpretativos elaborados pela ontologia fundamental fecundaram as ciências humanas e as disciplinas humanísticas. Penetraram a psicanálise com Ludwig Biswanger e Medard Boss, a poética com Emil Staiger e a hermenêutica com R. Bultmann, teólogo da "desmitologização", sob a influência da historicidade da existência. Nos mesmos conceitos baseou Sartre a especulação de *O ser e o nada* (*L'Être et le Néant*) e Kojève a sua interpretação da dialética hegeliana. Da mesma fonte serviu-se Herbert Marcuse para a reformulação antropológica do marxismo e Maurice Merleau-Ponty para respaldar sua *Fenomenologia da percepção* (*Phénomenologie de la perception*). No outro extremo do pensamento filosófico, à mesma época, Ludwig Wittgenstein leu e apreciou, certamente como texto limite entre o dizer e o silenciar, *O que é a metafísica?*, de Heidegger.

Seleção de textos

Obs.: Incluímos nessa seleção alguns dos textos circunvizinhos a Ser e tempo.

O ente cuja análise é nossa incumbência somos nós mesmos. O ser deste ente é em cada caso meu. No ser deste ente comporta-se ele relativamente ao seu ser. Como ente deste ser é entregue à responsabilidade de seu peculiar ser. O ser é neste ente o que está sempre em jogo. Dessa característica do *Dasein* resulta uma dupla:

1. A essência desse ente reside em seu para ser (*Zu sein*). A essência deste ente deve ser concebida, na medida em que dela se pode falar, a partir de sua existência. A incumbência ontológica é justamente mostrar que se escolhemos o termo existência para designar o ser deste ente, este termo não tem e não pode ter a significação ontológica do termo tradicional *existentia*: *existentia* quer dizer ontologicamente ser-à-vista, uma forma de ser que por essência não convém ao ente que tem o caráter do *Dasein*. Evitamos a confusão usando sempre em lugar desse termo a expressão exegética ser-à vista e reservando o termo existência (*Existenz*) como determinação do ser para o *Dasein*.

A essência do *Dasein* está em sua existência. O que se pode extrair desse ente não são propriedades dadas de um ser-à-vista, mas modos de ser possíveis dele em cada caso e somente isso. Todo ser tal ou qual deste ente é primariamente ser. De onde resulta que o termo *Dasein*, com que designamos esse ente, não expressa seu *quid est*, como mesa, casa, árvore, mas sim o ser.

2. O ser que está em jogo neste ente em seu ser é em cada caso meu. O *Dasein* nunca pode considerar-se ontologicamente como caso e exemplar de um gênero de entes à vista. A estes entes, é-lhes o ser "indiferente" ou pensada a coisa exatamente, "são" de tal modo que seu ser não pode ser-lhes nem indiferente nem o contrário ... O *Dasein* é em cada caso sua possibilidade ... E por ser em cada caso o *Dasein* essencialmente sua possibilidade, pode este ente em seu ser escolher-se a si mesmo, ganhar-se e também perder-se ou não ganhar-se nunca ou só "aparentar" que se ganha.

A realidade e o cuidado

Na ordem das relações ontológicas de fundamentação e da possível distinção entre o categorial e o existencial, a "realidade" é remetida ao fenômeno do cuidado. Mas que a "realidade" esteja fundada ontologicamente no ser do *Dasein* não pode significar que o "real" só possa ser como o que é em si mesmo, se o *Dasein* existe e enquanto existe. Certamente, só enquanto o *Dasein* é, quer dizer, a possibilidade ôntica de uma compreensão do ser, é que o ser se dá. Se não existe o *Dasein*, então não "é" tampouco a "independência" nem "é" muito menos o "em si".

O modo de ser da verdade e a pressuposição da verdade

O *Dasein* está essencialmente na verdade, enquanto constituido pela abertura. A abertura é uma forma essencial do ser do *Dasein*. *Só há verdade na medida e até onde o Dasein é*. Os entes só são descobertos quando um *Dasein* é e só são abertos enquanto um *Dasein* é. As leis de Newton, o princípio de contradição, qualquer verdade somente é verdade enquanto o *Dasein* é ... Antes que fossem descobertas, as leis de Newton não eram "verdade"; do que não se segue que fossem falsas nem muito menos que se tornem falsas quando já não seja possível onticamente nenhum "descobrimento". ...

Que haja "verdades eternas" é coisa que só ficará suficientemente provada quando se tenha conseguido demonstrar que o *Dasein* foi e será por toda a eternidade. Enquanto não se tenha conseguido essa prova, continuará sendo a frase uma afirmação imaginária ...

De *Ser e tempo*, trad. de Benedito Nunes
[*Sein und Zeit — Acht unveränderte Auflage*,
Tübingen, Max Niemeyer, 1957]

Onde procuramos o nada? Onde encontramos o nada? Para que algo encontremos não precisamos, por acaso, já saber que existe? Realmente! Primeiramente e o mais das vezes o homem somente então é capaz de buscar se antecipou a presença do que busca. Agora, porém, aquilo que se busca é o nada ...

O nada se revela na angústia — mas não enquanto ente. Tampouco nos é dado como objeto. A angústia não é uma apreensão do nada. Entretanto, o nada se torna manifesto por ela e nela, ainda que não da maneira como se o nada se mostrasse separado, "ao lado" do ente, em sua totalidade, o qual caiu na estranheza. Muito antes, e isso já o dissemos: na angústia deparamos com o nada juntamente com o ente em sua totalidade.

Na angústia se manifesta um retroceder diante de ... que, sem dúvida, não é mais uma fuga, mas uma quietude fascinada. Este retroceder diante de recebe seu impulso inicial do nada. Este não atrai para si, mas se caracteriza fundamentalmente pela rejeição ... Esta remissão que rejeita em sua totalidade, remetendo ao ente em sua totalidade em fuga — tal é o modo do nada assediar, na angústia, o ser-aí — é a essência do nada: a nadificação.

Que é metafísica?, Os Pensadores, Abril Cultural, vol.XLV, trad. de Ernildo Stein [*Was is metaphysik?* (1929), in *Wegmarken*, Frankfurt, Vittorio Klostermann, 1957]

Somente a liberdade pode deixar imperar e acontecer um mundo como mundo. Mundo jamais é, mas acontece como mundo (*weltet*) ...

A liberdade como transcendência não é, contudo, apenas uma espécie particular de fundamento, mas a origem do fundamento em geral. Liberdade é liberdade para o fundamento.

A relação originária da liberdade para com o fundamento, nós a denominamos o *fundar*. Fundando, ela dá liberdade e toma fundamento. Este fundar radicado na transcendência está, porém, disperso numa multiplicidade de modos. Deles há três: 1. O fundar como erigir. 2. O fundar como tomar chão. 3. O fundar como fundamentar.

O ser-aí funda (erige) o mundo apenas enquanto se autofunda em meio ao ente.

No fundar com o caráter de erigir, como projeto da possibilidade de si mesmo, reside, entretanto, o fato de o ser-aí sempre se exceder (*überschwingt*). O projeto de possibilidades é, segundo sua essência, sempre mais rico que a posse que repousa naquele que projeta. Mas uma tal posse é própria do ser-aí, porque se encontra situado, como projetante, em meio ao ente. Com isso já estão subtraídas ao ser-aí certas outras possibilidades e isto simplesmente através de sua própria faticidade. ... A *transcendência é conforme os dois modos de fundar ao mesmo tempo aquilo que excede e que priva.* ...

"Fundamentar" não será tomado aqui no estreito e derivado sentido do demonstrar de proposições ôntico-teóricas, mas, numa significação fundamentalmente originária de acordo com isso, fundamentação significa tanto como *possibilitação da questão do porquê em geral.*

Sobre a essência do fundamento, Os Pensadores, Abril Cultural, vol.XLV, tradução de Ernildo Stein [*Von Wesen des Grundes* (1929), in *Wegmarken*, Frankfurt, Vittorio Klostermann, 1957]

§42 A revelação da constituição do ser do *Dasein* é ontologia. Esta última se chama ontologia fundamental enquanto estabelece o fundamento da possibilidade da metafísica, quer dizer, enquanto considera a finitude do *Dasein* como seu fundamento. O conteúdo desse título inclui o problema da finitude no homem como elemento decisivo para possibilitar a compreensão do ser. ...

§43 Uma analítica do *Dasein* deve procurar, desde o começo, fazer visível o *Dasein* no homem, precisamente segundo aquela forma do ser do homem que, de acordo com sua essência, esforça-se por manter no esquecimento o *Dasein* e a compreensão do ser do mesmo, isto é, a finitude originária ...

A angústia é o encontrar-se fundamental que nos coloca diante do nada. Mas o ser do ente só é inteligível — e nisso se encontra a mais profunda finitude da transcendência — se o *Dasein* no fundo de sua essência enfrenta (*hineinhalt*) o nada.

Este enfrentamento do nada não é um intento casual e arbitrário de "pensar" o nada, mas um acontecer que está na base de todo encontrar-se no meio do ente-à-vista e que deve ser esclarecido, segundo sua possibilidade interna, por uma analítica ontológica fundamental do *Dasein*.

Kant e o problema da metafísica, trad. de Benedito Nunes [*Kant und das Problem der Metaphysik* (1929), Frankfurt, Vittorio Klostermann, 1951]

Mundo só há se e por quanto tempo um *Dasein* existe. Pode haver natureza mesmo na ausência de todo *Dasein*. A estrutura do ser-no-mundo revela essa particularidade essencial do *Dasein*, a saber que ele se projeta um mundo, não depois e acessoriamente, mas de tal sorte que o projeto de mundo pertence ao ser do *Dasein*. Com esse projeto, o *Dasein* já sempre sai de si, ele existe (*ex-sistere*), ele é no mundo. É por essa razão que nunca há alguma coisa como esfera interna. Se reservamos o conceito de "existência" ao modo de ser do *Dasein*, é porque o ser-no-mundo pertence a esse ser. ...

O tempo originário é intrinsecamente fora de si. Tal é a essência da temporalização. O tempo originário é o tempo em si fora de si, quer dizer que ele não é qualquer coisa que, numa primeira abordagem, seria presente-subsistente como uma coisa, e que em seguida sairia de si deixando-se atrás de si, mas ele não é em si mesmo nada mais do que esse fora de si puro e simples. Na medida em que essa característica extática define a temporalidade, *um transporte extático para..., em direção de...*, encontra-se formalmente implicado na essência de cada êxtase que só se temporaliza através de sua unidade temporalizante com os outros êxtases. ... A temporalidade como unidade originária do futuro, do haver sido e do presente é, em si mesma extática horizontal. "Horizontal" significa aqui: caracterizado por um horizonte dado com o próprio êxtase. A temporalidade extática-horizontal não só torna ontologicamente possível a constituição ontológica do *Dasein*, mas é ela que também possibilita a temporalização do tempo, aquele que a compreensão vulgar conhece e que nós caracterizamos em geral como uma sucessão não reversível de agora. ...

A intencionalidade — o fato de ser dirigido para alguma coisa, com a co-pertença que isso implica entre a *intentio* e o *intentum* — a intencionalidade, que na fenomenologia é comumemente designada como o arquifenômeno, tem por condição de possibilidade a temporalidade e seu caráter extático-horizontal. O *Dasein* só é intencional porque determinado, em sua essência, pela temporalidade. ...

O tempo, como tempo apropriado/inapropriado, tem por caráter a significabilidade, quer dizer, esse traço que pertence ao mundo como mundo em geral. É por essa razão que nós designamos sob o nome de tempo do mundo (*Weltzeit*) o tempo com o qual nós contamos, o tempo ao qual nos entregamos. ...

O tempo comporta, também, além da significabilidade, um segundo momento: a databilidade. Cada "agora" é exprimido num presentificar, que vai de par com um estar na expectativa e um reter. ...

Cada momento do tempo é nele mesmo expandido, mesmo se o alcance dessa expansão é variável. Esse alcance varia em função daquilo que de cada vez o "agora" fixa a data ... O último traço característico do tempo, no sentido do tempo calculado e exprimido, é o que nós denominamos ser-público do tempo. ... A expressão do "agora" é inteligível por todos no ser-em-coumum.

A objetivação do ente através da qual as ciências positivas se constituem cada vez de maneira diferente em função da realidade específica e do modo de ser do domínio ontológico em questão, está centrado sobre o que é, em cada caso, o projeto da estrutura ontológica do ente a objetivar. Contudo, o projeto da estrutura ontológica de um domínio do ente — projeto de que depende a objetivação que está na base das ciências positivas — não é uma pesquisa ontológica sobre o ser do ente considerado, mas conserva ainda o caráter de uma consideração pré-ontológica na qual seguramente pode entrar (e de fato entra sempre) um certo conhecimento já disponível das determinações ontológicas do ente em questão. A objetivação da natureza, própria à física moderna, se constitui através de um projeto matemático da natureza em que as determinações fundamentais, intrínsecas a uma natureza em geral, são trazidas à luz, sem que essas determinações sejam reconhecidas como ontológicas. Galileu, que deu aqui o primeiro passo, desenvolveu esse projeto na base e no quadro de um conhecimento dos conceitos ontológicos fundamentais da física — tais como movimento, espaço e matéria —, conceitos que ele recebeu da filosofia antiga e da escolástica, mas que ele não se contentou simplesmente em receber dessa forma. ... Retenhamos simplesmente que mesmo as ciências positivas, e justamente naquilo que assegura em primeiro lugar sua consistência, se relacionam necessariamente, mesmo de maneira pré-ontológica ao ser do ente.

Os problemas fundamentais da fenomenologia, trad. de Benedito Nunes [*Die Grundproblem der Phänomenologie* (1927), Frankfurt, Band 24 Vittorio Klostermann, 1989]

Referências e fontes

• p.12: "Em lugar de consciência (*Bewusstsein*), leremos *Dasein* (ser-aí)": a citação encontra-se nos "Seminários de Thor e Zahringen", in *Questions* IV, Paris, Gallimard, 1976.

• p.13: A menção ao "interesse" no sentido kierkegaardiano está exposta em Kierkegaard, *Post-scriputum aux miettes philosophiques*, Paris, Gallimard, 1949, p.209.

• p.19: O Kierkegaard referido nessa página é o de *O conceito de angústia* (*El concepto de angustia: una sencilla investigación psicologica orientada havia el problema dogmatico del pecado original*, Buenos Aires, Espasa-Calpe, 1940).

• p.20: A observação de Leopardi sobre o tédio encontra-se em Leopardi, *Pensamentos*, in *Poesia e prosa*, Rio de Janeiro, Nova Aguillar, 1996.

• p.30: Para a referência ao debate com Aristóteles sobre o conceito de tempo, ver Martin Heidegger, *Die Grundproblem der Phänomenologie*, in *Gesamtausgabe*, Frankfurt, Vittorio Klostermann, 1989.

• p.32: A observação de Herder pode ser lida em Herder, *Filosofia de la historia para la educación de la humanidad*, Buenos Aires, Editorial Nueva, 1950.

• p.39-41: As citações de *O que é a metafísica?* foram extraídas de Heidegger, *Was ist Metaphysik?*, in *Wegmarken*, Frankfurt, Vittorio Klostermann, 1967, a primeira da p.5 e as duas seguintes da p.18.

• p.42: Edição brasileira de SZ: *Ser e tempo*, 2 vols., trad. Márcia de Sá Cavalcanti, Petrópolis, Vozes, 1988.

• p.42: O esclarecimento de Heidegger sobre o sentido do termo *Dasein* encontra-se em *Beiträge zur Philosophie (vom Ereignis)*, Frankfurt, Vittorio Klostermann, 1989, §176, p.300.

Leituras recomendadas

João Paisana. *Fenomenologia e hermenêutica: a relação entre as filosofias de Husserl e Heidegger*, Lisboa, Presença, 1992.

Richard Palmer. *Hermenêutica*, Lisboa, Edições 70.

Paul Ricoeur. "Existência e hermenêutica", in *O conflito das interpretações: ensaios de hermenêutica*, Rio de Janeiro, Imago, 1978.

_____. "A tarefa da hermenêutica", in *Interpretação e ideologia*, Rio de Janeiro, Francisco Alves, 1977.

Richard Rorty. *Ensaios sobre Heidegger e outros/Escritos filosóficos 2*, Rio de Janeiro, Relume Dumará, 1999.

Ernildo Stein. "Lições preliminares sobre o §44 de *Sein und Zeit*", in *Seminário sobre a verdade*, Petrópolis, Vozes, 1993.

Jacques Taminiaux, *Lectures sur l'ontologie fondamentale/Essais sur Heidegger*, Paris, Millon, 1995.

Sobre o autor

Benedito (José Viana da Costa) Nunes, nasceu em 1929 em Belém do Pará. Estudou filosofia na França e foi professor titular emérito dessa matéria na Universidade Federal do Pará. Dentre as suas muitas publicações no domínio da literatura e da filosofia, destacam-se os livros *O dorso do tigre*, *João Cabral de Melo Neto*, *Poesia de Mário Faustino*, *Introdução à filosofia da arte*, *A filosofia contemporânea*, *O tempo na narrativa*, *Passagem para o poético: filosofia e poesia em Heidegger*, *No tempo do niilismo e outros ensaios*, *Crivo de papel*, *Hermenêutica e poesia*.

Coleção **PASSO-A-PASSO**

Volumes recentes:

CIÊNCIAS SOCIAIS PASSO-A-PASSO

O negócio do social [40], Joana Angélica Barbosa Garcia

Origens da linguagem [41], Bruna Franchetto e Yonne Leite

Antropologia da criança [57], Clarice Cohn

Patrimônio histórico e cultural [66], Pedro Paulo Funari e Sandra de Cássia Araújo Pelegrini

Antropologia e imagem [68], Andréa Barbosa e Edgar T. da Cunha

Antropologia da política [79], Karina Kuschnir

Sociabilidade urbana [80], Heitor Frúgoli Jr.

Pesquisando em arquivos [82], Celso Castro

Cinema, televisão e história [86], Mônica Almeida Kornis

FILOSOFIA PASSO-A-PASSO

Estética [63], Kathrin H. Rosenfield

Filosofia da natureza [67], Márcia Gonçalves

Hume [69], Leonardo S. Porto

Hannah Arendt [73], Adriano Correia

Schelling [74], Leonardo Alves Vieira

Niilismo [77], Rossano Pecoraro

Kierkegaard [78], Jorge Miranda de Almeida e Alvaro L.M. Valls

Filosofia da biologia [81], Karla Chediak

Ontologia [83], Susana de Castro

John Stuart Mill & a liberdade [84], Mauro Cardoso Simões

Filosofia da história [88], Rossano Pecoraro

Teoria do conhecimento [91], Alberto Oliva

PSICANÁLISE PASSO-A-PASSO

Psicanálise com crianças [75], Teresinha Costa

Feminino/masculino [76], Maria Cristina Poli

Cinema, imagem e psicanálise [85], Tania Rivera

Trauma [87], Ana Maria Rudge

Édipo [89], Teresinha Costa

A psicose [90], Andréa M.C. Guerra

A angústia [92], Sonia Leite

Educação e psicanálise [93], Rinaldo Voltolini

Os outros em Lacan [94], Antonio Quinet

A paixão [95], Marcus André Vieira

Histeria: o caso Dora [96], Nadiá Paulo Ferreira e Marcus Alexandre Motta